Diplodocws

Dwi'n un o'r deinosoriaid hiraf a welwyd erioed. Dwi'n bwyta planhigion, ond alla i ddim cnoi'n dda iawn, felly dwi'n llyncu cerrig enfawr sy'n malu'r bwyd yn fy stumog anferth.

Dwed fy enw: di-PLOD-o-cws

Alosorws

Dwi'n bwyta cig, a dwi'n hoffi mynd i hela gyda ffrindiau. Dwi'n enfawr, yn arswydus, ac mae gen i ddannedd miniog iawn, iawn. Dwi'n hoffi bwyta deinosoriaid eraill, yn enwedig rhai mawr â gyddfau hir.

Dwed fy enw: al-o-SOR-ws

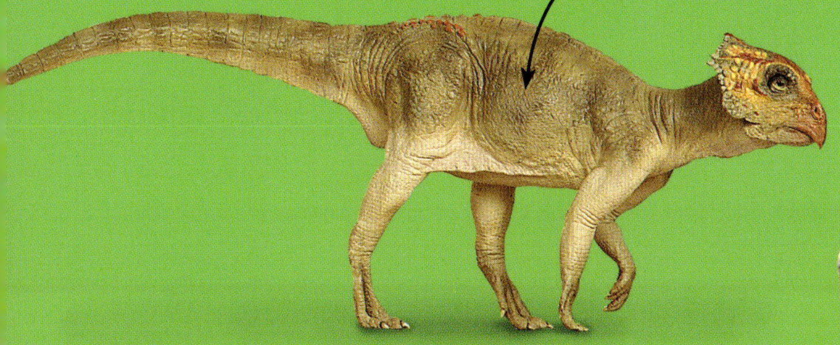

Ystyr fy enw yw 'wyneb corn main'. Dwi tua dau fetr o hyd. Mae gen i grib cŵl iawn ar fy mhen a phig fach gorniog ar gyfer cnoi bwyd.

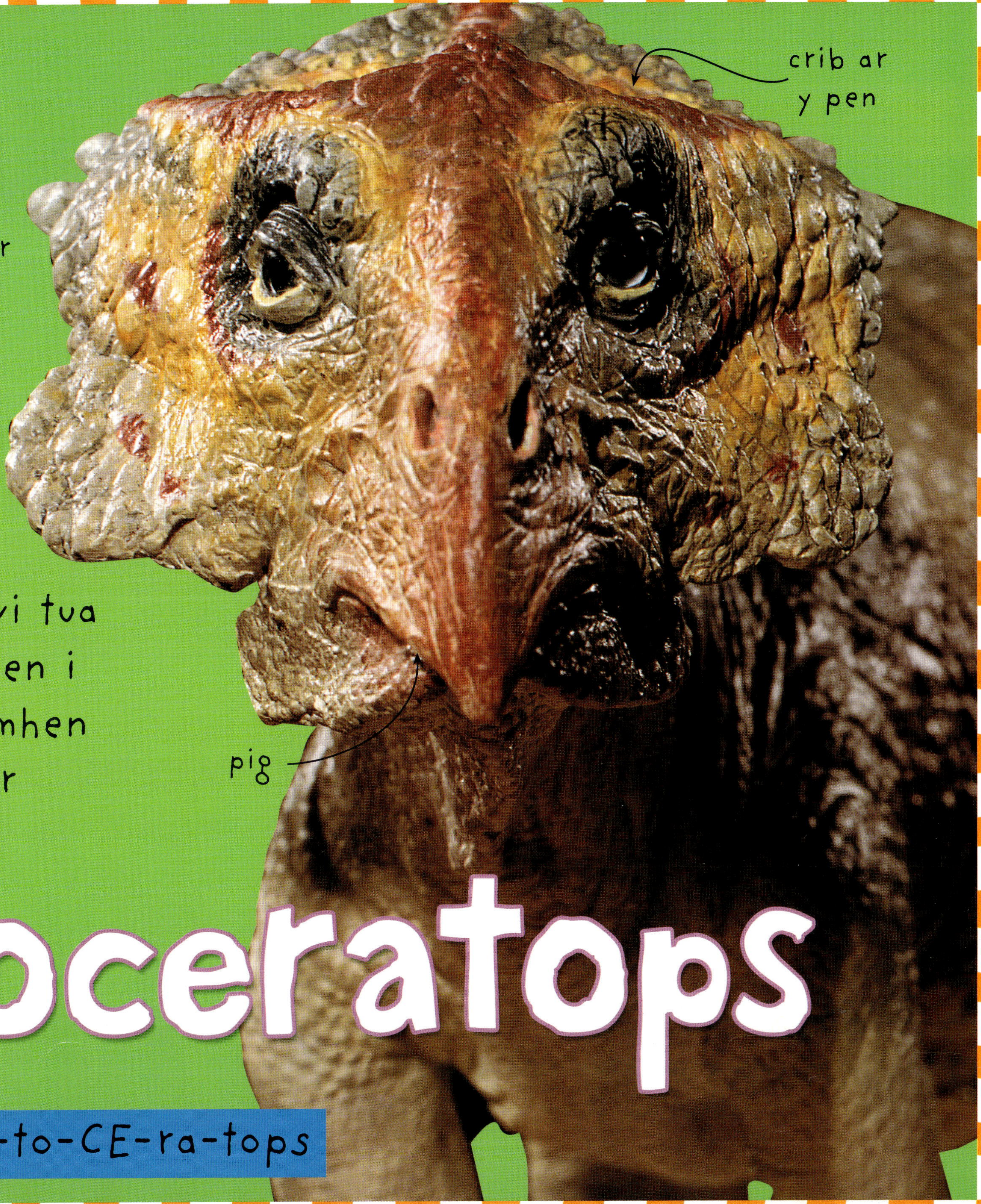

Leptoceratops

Dwed fy enw: LEP-to-CE-ra-tops

Seloffysis

Fy enw yw 'esgyrn gwag'. Dwi'n **fach** ac yn ysgafn, felly dwi'n gallu **rhedeg** yn gyflym iawn. Mae hynny'n help mawr pan dwi'n hela pethau i'w bwyta, neu'n dianc rhag y rhai sy eisiau fy mwyta **i!**

Dwed fy enw: SE-lo-FFY-sis

Ble bynnag dwi'n mynd, dwi wastad yn **cwrdd** ag **Igwanodoniaid** eraill. Mae cymaint ohonon ni! Dwi'n defnyddio'r **pigyn esgyrnog** ar fy **mawd** i amddiffyn fy hun, os bydd rhywun yn **ymosod.**

Igwanodon

Taldra'r deinosor: 6 m

Dwed fy enw: ig-WAN-o-DON

Ffabrosorws

Dwed fy enw: FFAB-ro-SOR-ws

Dim ond tua 90 cm o hyd ydw i, ond mae gen i freichiau a dwylo cryf, sy'n fy helpu i dynnu dail i'w bwyta. Mae gen i **goesau cryf,** a galla i ddianc yn gyflym rhag perygl.

Taldra'r deinosor: 5 m

Grafitholws

Mae gyda ni benglogau **trwchus** iawn. Dyna pam mae deinosoriaid eraill yn ein galw'n 'bendew'. Rydyn ni'n **hoffi** rhuthro at ein gilydd a tharo pennau, ond weithiau byddwn ni'n cael cur pen!

Dwed fy enw: GRA-fith-O-lws

Taldra'r deinosor: 6 m

Hadrosorws

Dwi'n aml yn cael fy ngalw'n 'pig-hwyad', achos mae fy ngheg yn edrych fel pig. Mae gen i ddannedd pitw a fflat yn fy mochau. Dwi'n eu defnyddio i gnoi'r planhigion dwi'n hoffi bwyta.

Dwed fy enw: HAD-ro-SOR-ws

Taldra'r deinosor: 2 m

Ewoploseffalws

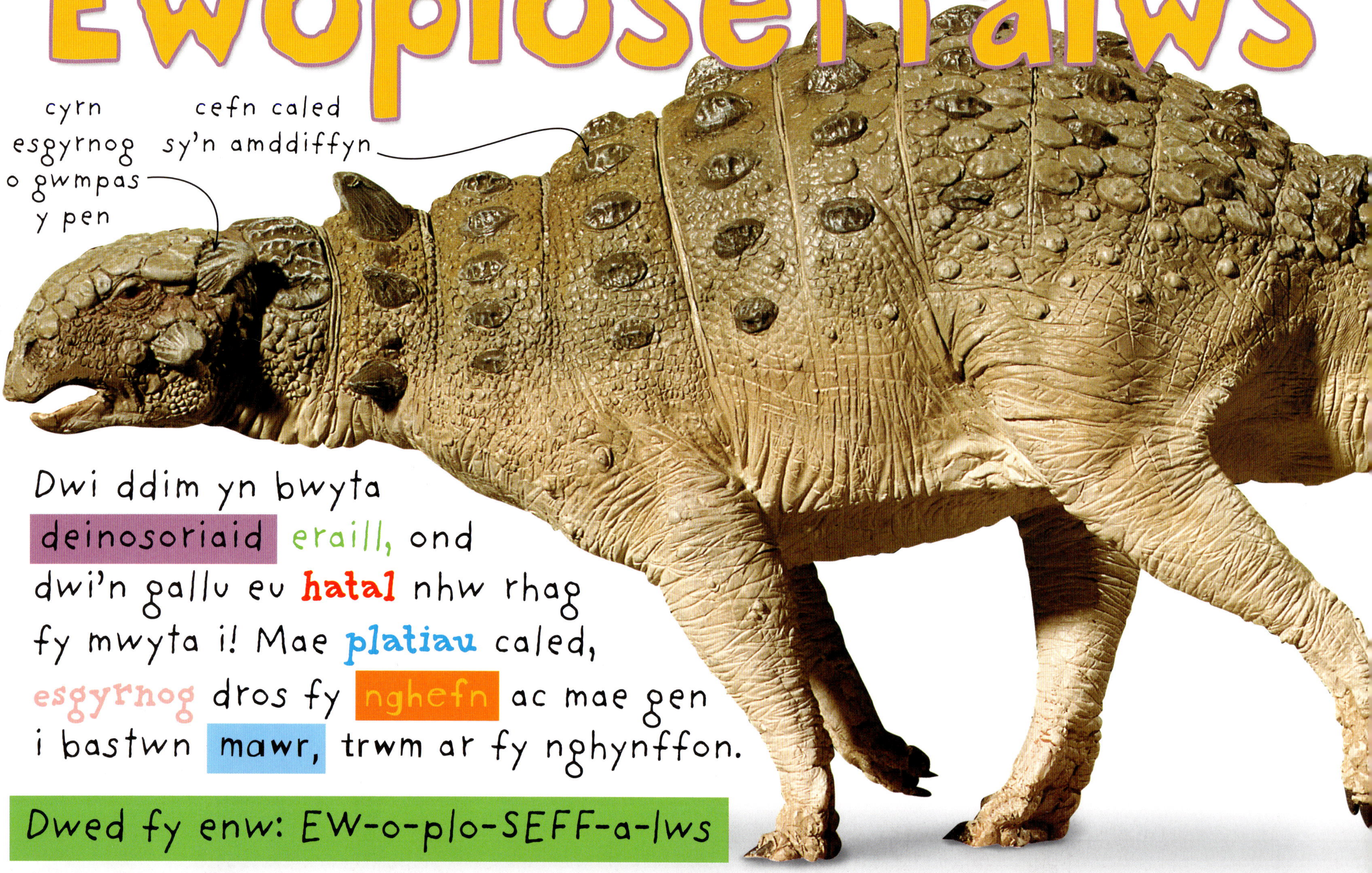

Dwi ddim yn bwyta deinosoriaid eraill, ond dwi'n gallu eu **hatal** nhw rhag fy mwyta i! Mae **platiau** caled, **esgyrnog** dros fy nghefn ac mae gen i bastwn mawr, trwm ar fy nghynffon.

Dwed fy enw: EW-o-plo-SEFF-a-lws

Janenschia

Dwi tua **24 metr** o hyd – dyna cŵl! Mae gen i blatiau esgyrnog ar fy nghefn, felly all neb fy mwyta. Dwi'n bwyta llawer o fwyd, a dwi'n sefyll ar fy nghoesau ôl i estyn y dail o'r coed uchel iawn.

Dwed fy enw: Ia-NEN-tshi-a

Dwed fy enw: CEN-tro-SOR-ws

Centrosorws

Ystyr fy enw yw **'ymlusgiad pigog'**, achos mae gen i bigau ar fy nghefn a'm **cynffon.** Mae'r pigau'n fy **ngwarchod.**

Ymennydd bach, bach sy gen i, felly dwi ddim yn glyfar iawn.

Taldra'r deinosor: 3 m

Fy enw yw Baryonics, a'i ystyr yw 'crafanc trwm'. Dwi'n hoffi **bwyta** deinosoriaid llai na fi, ond fy **hoff** fwyd yw pysgod. Dwi'n eu dal â'm crafangau a'u cnoi â'm dannedd garw!

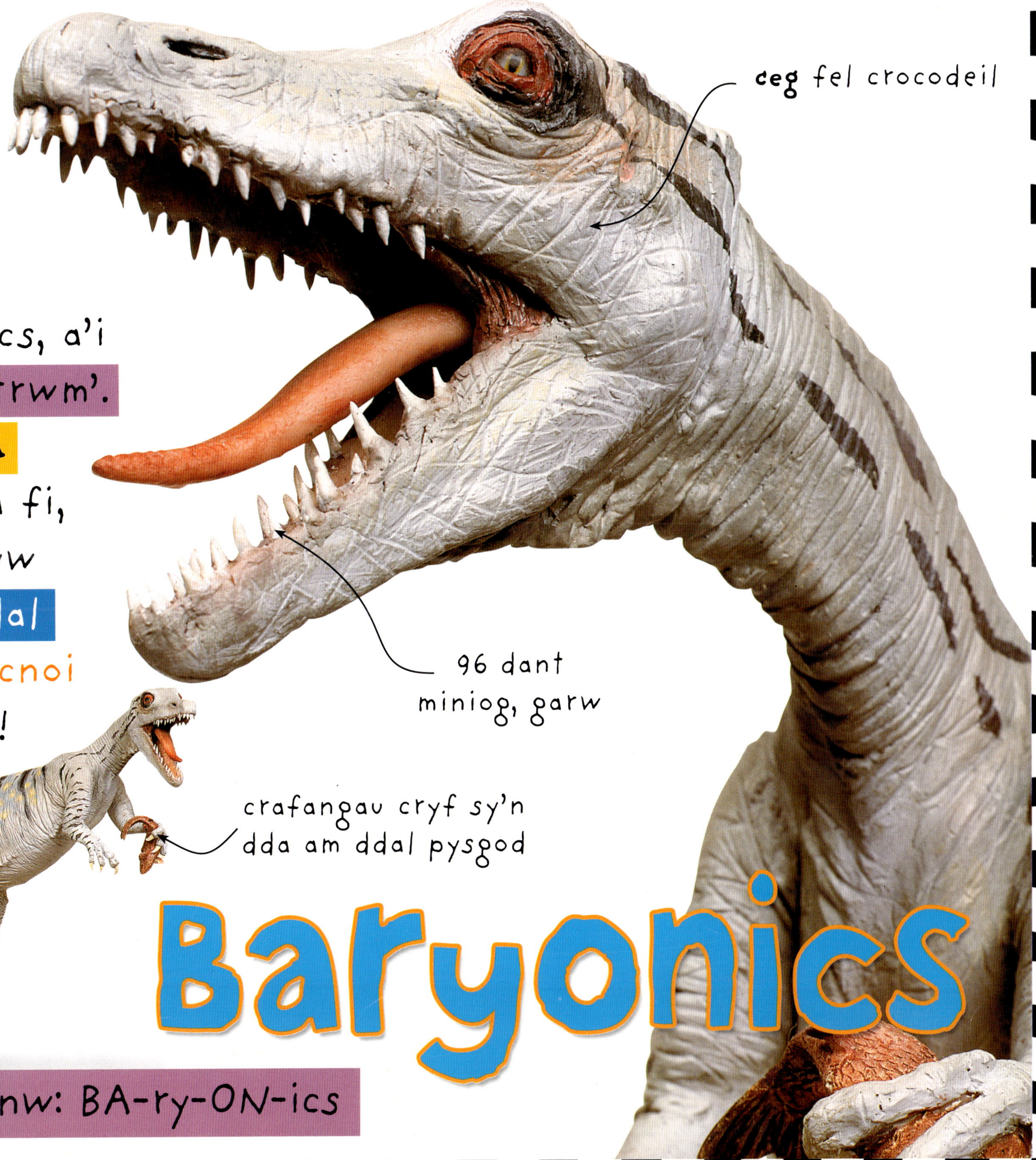

Baryonics

Dwed fy enw: BA-ry-ON-ics

Ystyr fy **enw** yw **'ymlusgiad talpiog'**, achos mae gen i **blatiau caled** ar fy **nghefn.** Mae'r platiau **talpiog** yn **gryf** iawn, ac mae'n anodd fy **mrifo.** Dwi'n bwyta **planhigion** sy'n tyfu'n isel ar y ddaear.

Nodosorws

Dwed fy enw: NOD-o-SOR-ws

Dwi'n un o'r deinosoriaid mwyaf arswydus. Ystyr fy enw yw **'ysglyfaethwr cyflym'**. Rydyn ni'n **hela** mewn haid, ac yn defnyddio'r crafangau miniog ar ein bysedd traed canol i ddal ein cinio!

Taldra'r deinosor: 120 cm

Felosiraptor

Dwed fy enw: fe-LOS-i-RAP-tor

Taldra'r deinosor: 2 m

Dwi'n ddeinosor clyfar iawn a dwi'n gweld yn dda, sy'n **help** mawr pan dwi'n hela am fwyd. Mae gen i enw arall – **Troodon** – ond mae'n well gen i'r enw Stenonicosorws.

Stenonicosorws

Dwed fy enw: ste-NON-ic-o-SOR-ws

Mae'r tiwb mawr ar fy mhen yn edrych yn od, ond mae'n ddefnyddiol iawn. Dwi'n gallu chwythu drwyddo, a gwneud sŵn uchel i rybuddio fy ffrindiau fod perygl yn agos.

Parasoroloffws

Dwed fy enw: PAR-a-sor-OL-o-ffws

Dwed fy enw: CWET-sal-co-AT-lws

Cwetsalcoatlws

Ymlusgiad **hedegog** o oes y deinosoriaid ydw i. Fi yw'r mwyaf o'r **fath** a'r creadur mwyaf erioed i allu hedfan. Dwi'n hoffi bwyta pysgod, ond weithiau dwi'n chwilio am ddarnau o gig ar lawr.

Taldra'r deinosor: 5 m

Riojasorws

Dwi'n un o'r hynaf o'r deinosoriaid sy'n bwyta **planhigion,** a'r cyntaf i gael **gwddw** hir. Mae gen i goesau mawr, cryf a thrwm, ac mae fy esgyrn yn **solet** a thrwchus iawn. Dwi tua 11 metr o hyd.

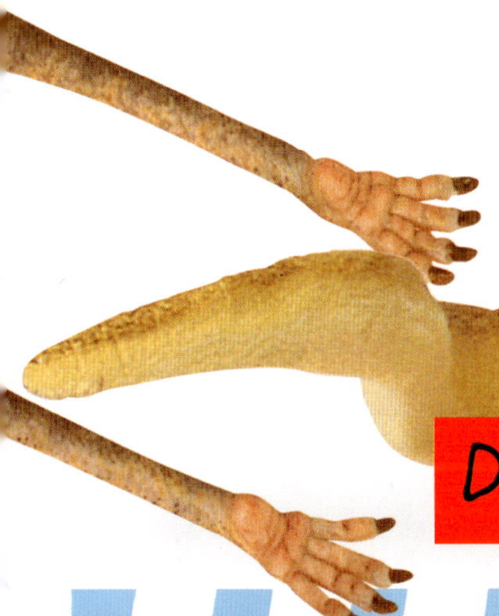

Dwed fy enw: ri-O-ha-SOR-ws

Mae'r 'hwyl' ar fy **nghefn** yn ddefnyddiol iawn. Pan dwi eisiau cynhesu, dwi'n troi'r hwyl at yr haul. Pan dwi eisiau oeri, dwi'n troi'r hwyl at y gwynt a gadael iddo chwythu ar fy nghefn.

Owranosorws

Dwed fy enw: ow-RAN-o-SOR-ws

Dwi'n byw mewn praidd gyda'r Triceratops eraill. Os bydd deinosoriaid eraill ym ymosod arnon ni, rydyn ni'n defnyddio'r tri chorn miniog ar ein pennau i'w taro mor galed ag y gallwn ni.

Triceratops

Dwed fy enw: tri-CE-ra-tops

Dwed fy enw: WL-tra-SOR-ws

Wltrasorws

O'r holl ddeinosoriaid gwddw-hir sy'n bwyta planhigion, fi yw'r **mwyaf.** Dwi mor dal ag adeilad pedwar llawr - beth bynnag yw hwnnw. Mae gen i grib **anghyffredin** ar fy mhen, a dyna lle mae fy **ffroenau.**

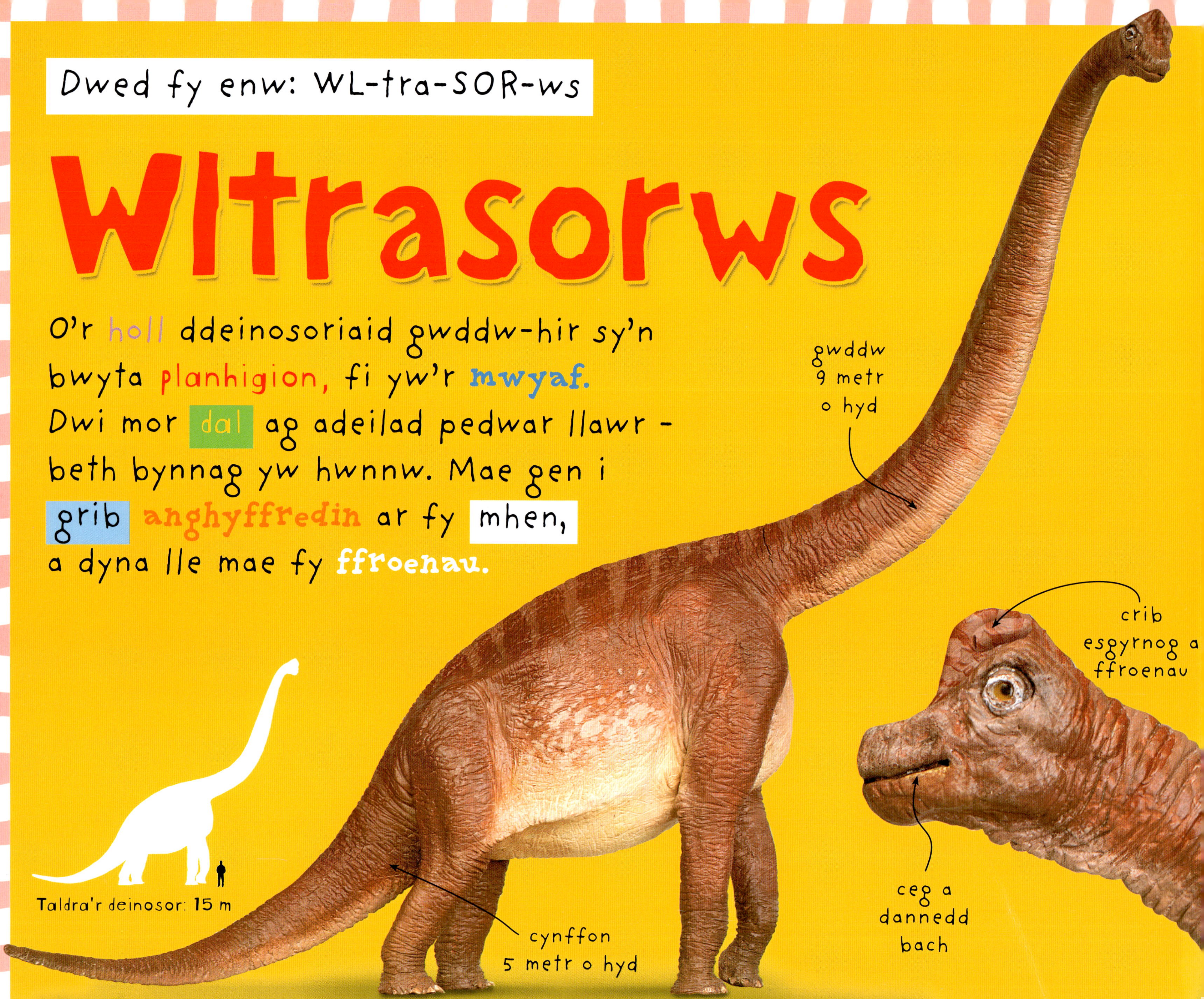

Taldra'r deinosor: 15 m

Ymlusgiaid y môr ydyn ni. Yn lle cerdded ar y tir a bwyta hen blanhigion diflas, neu fwyta'n gilydd hyd yn oed, rydyn ni'n hoffi nofio o gwmpas a bwyta pysgod. Mae gen i ffliperi gwych sy'n fy helpu i nofio'n gyflym.

Macroplata

Dwed fy enw: mac-ro-PLA-ta

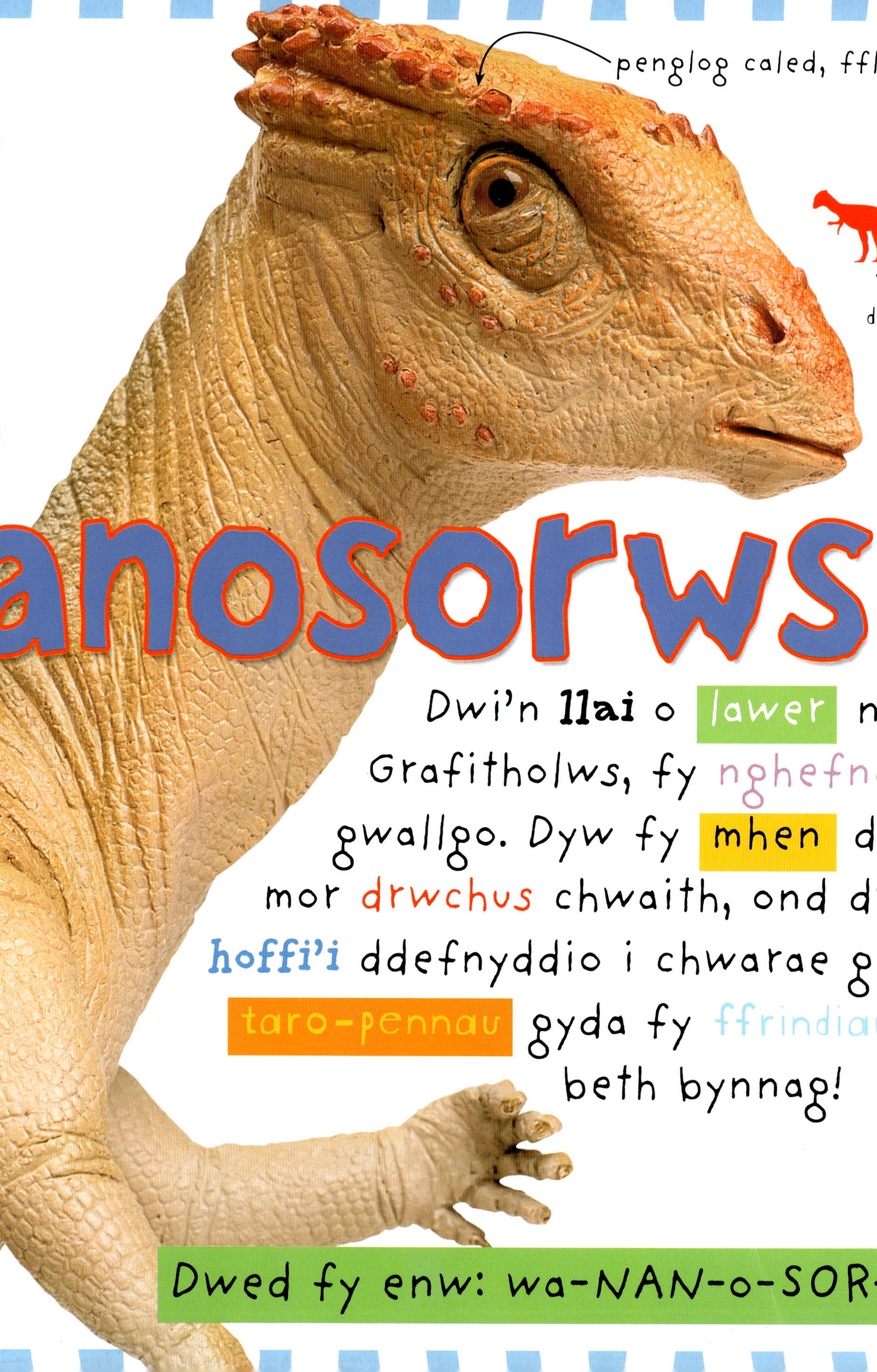

Wannanosorws

Dwi'n **llai** o lawer na Grafitholws, fy nghefnder gwallgo. Dyw fy mhen ddim mor drwchus chwaith, ond dwi'n **hoffi'i** ddefnyddio i chwarae gêm taro-pennau gyda fy ffrindiau beth bynnag!

Dwed fy enw: wa-NAN-o-SOR-ws

Dwi'n ddeinosor mawr sy'n bwyta cig. Mae'r cyrn bach uwchben fy llygaid a'r pigau ar fy nghefn yn edrych braidd yn od, ond dim ots gen i – maen nhw'n dychryn pawb!

Senotarsosorws

Dwed fy enw: sen-o-TAR-so-SOR-ws

Taldra'r deinosor: 5 m

Pan dwi eisiau cynhesu, dwi'n troi'r **platiau** ar fy nghefn tuag at yr haul, a phan dwi eisiau oeri, dwi'n troi'r ffordd arall. Dwi'n defnyddio'r pigau **miniog** iawn ar fy nghynffon i amddiffyn fy hun.

Yingshanosorws

Dwed fy enw: YING-shan-o-SOR-ws

Taldra'r deinosor: 120 cm

Seffyrosorws

Dwi'n fach, dwi'n bwyta planhigion, a dwi'n gallu rhedeg yn **gyflym**. Mae fy nghynffon hir yn fy helpu i gadw **balans,** felly mae'n haws rhedeg yn chwim. Dwi'n **hoffi** fy enw yn fawr iawn. Ei ystyr yw 'ymlusgiad gwynt y gorllewin'.

Dwed fy enw: SEFF-y-ro-SOR-ws

Pa mor fawr yw'r deinosoriaid?

Alli di ddychmygu pa mor fawr (neu fach) yw'r deinosoriaid hyn? Mae'n help i edrych ar y pethau cyfarwydd yn y llun.